PROCÈS

DE

M. BERTIER DE SAUVIGNY.

PROCÈS

DE

M. BERTIER DE SAUVIGNY.

ACCUSATION D'ATTENTAT

CONTRE LA PERSONNE

DU ROI LOUIS-PHILIPPE.

Paris.

IMPRIMERIE LE NORMANT, RUE DE SEINE, N° 8.

1832.

NOTICE HISTORIQUE.

LES faits qui ont motivé ce procès ont eu lieu le vendredi 17 février 1832; le lundi 20 février, M. Bertier fut mandé à la Préfecture de police, et interrogé par le commissaire de police Noël, et le juge d'instruction Poultier. Après ces deux interrogatoires, qui durèrent environ deux heures, M. Bertier fut renvoyé sur la parole qu'il donna au juge d'instruction, de se représenter à sa première réquisition.

Le jeudi 23, à onze heures, un huissier vint signifier un mandat d'arrêt à M. Bertier, et le conduisit à la Préfecture de police, où il fut mis au secret jusqu'à cinq heures. Amené devant le juge d'instruction, il subit un nouvel interrogatoire, à la suite duquel il fut écroué à Sainte-Pélagie.

Le samedi 25, le commissaire de police Noël vint chercher M. Bertier, pour procéder à une visite domiciliaire, chez lui, rue de l'Oratoire, et au Bureau de correspondance des journaux de province, place de la Bourse. On ne trouva chez M. Bertier aucune arme, ni aucun papier d'importance; on se saisit de cent cinquante-quatre lettres d'affaires entièrement étrangères à la politique.

Quelques jours après, M. Bertier fit paraître dans la *Quotidienne* la lettre suivante :

« Sainte-Pélagie, 26 février.

« Monsieur le rédacteur,

« Permettez que j'aie recours à votre journal pour protester hautement contre l'incroyable rigueur dont je viens d'être victime à l'occasion d'une rencontre fortuite aussi inoffensive qu'insignifiante.

« Voici les faits qui ont donné lieu à mon arrestation; le public jugera lui-même de ma culpabilité.

« Conduisant un cabriolet sur le Carrousel, je voyais cheminer en avant de mon cheval, dans la direction que je suivais, une personne en frac bourgeois, à pied, et donnant le bras à une dame. Comme elle ne se rangeait pas près des maisons pour me permettre le passage, et que mon cheval, impatient, se trouvait en ce moment fort animé, je multipliai à haute voix, et avec une énergie progressive, à mesure que je m'en approchais, les avertissemens et les cris de *gare*. Le personnage, que je n'avais aperçu que par derrière, finit par se ranger à droite, et lorsqu'il se retourna, j'aperçus une énorme cocarde tricolore à un chapeau, ce qui me fit reconnaître seulement alors le roi Louis-Philippe. Je continuai, sans l'avoir ni renversé, ni froissé, ni même éclaboussé. Je le retrouvai encore une seconde fois au détour d'une rue, mais cette fois sans lui causer le moindre émoi.

« Tout ce qui a été dit différemment sur cette affaire est entièrement faux. Il n'y a point d'autre motif d'accusation contre moi, à moins que l'on n'y ajoute, ainsi qu'a cru pouvoir le faire sérieusement M. le préfet de police, l'imputation d'être un légitimiste décidé.

« Arrêté à deux reprises différentes, et la seconde fois écroué à Sainte-Pélagie, sous la prévention *d'attentat contre la vie et la personne du roi*, j'ai déjà subi trois interrogatoires, dans lesquels j'ai relaté avec précision les faits ci-dessus.

« En toute autre conjoncture, je me devrais de protester énergiquement contre une imputation odieuse d'assassinat; mais j'ai honte seulement à la pensée qu'il puisse s'agir sérieusement pour moi de m'en défendre. Mon nom, mon caractère, repoussent ces odieuses inculpations. L'indignation est ma seule réponse.

« Une visite domiciliaire minutieuse, faite hier chez moi, est venue mettre le comble aux mesures vexatoires dont je suis l'objet. Les perquisitions de M. le commissaire de police Noël n'ont servi qu'à me confirmer dans la conviction où je suis que l'accusation portée contre moi n'est qu'un misérable prétexte pour me priver de ma liberté.

« J'attends et j'appelle, et sans doute plus franchement que mes accusateurs, ma comparution devant le jury. On y entendra probablement les dépositions des courtisans du roi-citoyen. On demandera quelle sera la partie plaignante. Il faudra bien que ce soit Louis-Philippe lui-même.

« Agréez, etc.

« ALBERT BERTIER.

« *P. S.* Je vous prierai, monsieur le rédacteur, de m'apprendre si ce crime n'est pas de la nature de ceux dont la connaissance est exclusivement réservée à la haute Cour des pairs. »

Vers la fin du mois de mars, M. le vicomte de Conny, qui était venu visiter ses amis à Sainte-Pélagie, adressa au ministre de l'intérieur une lettre fort remarquable sur la situation des prisonniers ; il voulut bien y consacrer les lignes suivantes à M. Bertier :

« J'ai d'abord rencontré un de mes jeunes amis, M. Albert
« de Bertier ; et sa vive gaîté, dans ce triste séjour, m'a appris
« qu'il avait la conscience que son étrange procès avait fait
« rire la France de ce rire inextinguible dont long-temps
« elle conservera la mémoire. »

M. Bertier, touché des témoignages d'intérêt que lui donnait M. de Conny, a adressé à l'honorable écrivain la lettre ci-jointe, qui fut insérée dans le *Revenant*.

« Sainte-Pélagie, ce 27 mars 1832.

« Monsieur,

« C'est une grande consolation pour un prisonnier, quand une voix comme la vôtre s'élève en sa faveur, et adresse au pouvoir de justes reproches sur les vexations honteuses qui accablent les royalistes. Les lignes aimables que vous avez daigné me consacrer dans votre lettre à M. Périer, sont bien capables d'adoucir la rigueur de ma captivité. Je les relis souvent, comme un témoignage d'amitié, dont je veux toujours garder le souvenir.

« Il est vrai, Monsieur, que la gaîté ne m'abandonne pas sous les verroux. Le ridicule que mon procès jette sur mes persécuteurs me venge suffisamment de leurs tracasseries ; et puis je ne fais que commencer l'apprentissage des souffrances auxquelles ma famille a été habituée depuis long-temps. Les six années de prison que mon père a supportées pendant le règne impérial, m'ont fait connaître dès l'enfance les cachots et les grilles : le Temple et la Force me sont plus familiers que Sainte-Pélagie. Je ne compte qu'un mois de prison; vous le voyez, j'ai encore du temps pour prendre patience.

« D'ailleurs, Monsieur, pourquoi me plaindre? pourquoi même serait-on assez bon pour s'occuper un instant de ma position?

« Quoique prisonnier, je suis en France; le peu d'air que je respire est celui de la patrie; je peux jouir de la présence de quelques amis que la vue des verroux ne rebute pas, et qui apportent quelques distractions à mes ennuis. Mais loin de notre pays, au-delà des mers, sur un sol étranger, au milieu de montagnes arides, est une famille plus malheureuse, puisqu'elle est privée de voir le ciel de la France. Le souvenir des infortunes qui accablent un vieillard, une femme et deux enfans, est bien capable, je vous assure, de soutenir mon courage; consolé que je suis par l'idée que les persécutions que nous fait subir la stricte justice, pourront contribuer à éclairer la France sur ses véritables intérêts.

« Veuillez agréer, Monsieur, l'assurance du respectueux dévouement avec lequel j'ai l'honneur d'être, etc.

« ALBERT BERTIER. »

Pendant une détention de six semaines à Sainte-Pélagie, M. Bertier subit plusieurs interrogatoires, plus ou moins longs, plus ou moins ridicules, du juge d'instruction Poultier. Le lendemain de l'émeute qui eut lieu à Sainte-Pélagie, et dans laquelle le pouvoir joua un rôle si affreux, le choléra envahit la prison. M. Bertier fut transféré dans une maison de santé à Chaillot, avec MM. de Floirac, de Maistre, de Rivière, de Brian, Bérard et Garcias; et il y resta jusqu'au moment où il comparut devant la Cour d'assises.

Procès

DE

M. BERTIER DE SAUVIGNY.

———

AUDIENCE DU 5 MAI 1832.

PRÉSIDENCE DE M. HARDOUIN.

———

Dès neuf heures une foule nombreuse se presse aux portes de l'enceinte de la Cour d'assises ; à peine les portes sont-elles ouvertes que la salle est entièrement remplie. Dans l'enceinte réservée on remarque un grand nombre de personnages de distinction, et entre autres MM. le duc de Fitz-James et son fils, le comte de Noailles, le général Montlivault, le général Farincourt, etc., et un grand nombre de dames élégamment parées. Derrière la Cour on a placé des siéges, qui sont occupés par des conseillers et des membres du ministère public. Les avocats se pressent sur les bancs qui leur sont réservés, et sur ceux destinés aux témoins.

A dix heures moins un quart M. Bertier de Sauvigny arrive accompagné d'un seul huissier ; il reçoit en entrant de nombreuses marques d'intérêt.

A dix heures et demie l'audience est ouverte. La Cour est composée de M. Hardouin, président, et de MM. de Berny et Moreau, conseillers.

M. Bertier de Sauvigny est défendu par M⁰ Berryer et assisté de M⁰ Mandaroux-Vertamy.

M. le président adresse au prévenu les questions d'usage.

M. Bertier déclare se nommer Albert-Anne-Jules Bertier de Sauvigny, âgé de 3o ans, propriétaire, ex-lieutenant au 34⁰ régiment d'infanterie, dirigeant un bureau de correspondance avec les journaux de départemens, place de la Bourse, n. 9, et demeurant à Paris, rue de l'Oratoire du Louvre, n. 1.

Après le serment des jurés, le greffier donne lecture de l'arrêt de renvoi et de l'acte d'accusation duquel résultent les faits suivans :

Le 17 février 1832, entre deux et trois heures de relevée, le roi, la reine et Mlle Adélaïde d'Orléans, accompagnés de M. Dumas, chef de bataillon d'état-major, aide-de-camp du roi, sortirent à pied des Tuileries, par la grille du quai, et entrèrent par un des premiers guichets sur le Carrousel, qu'ils traversèrent obliquement pour se rendre au Palais-Royal par la rue de Rohan.

L'inspecteur de police Buffet, ayant aperçu LL. MM., crut devoir les suivre pour veiller à leur sûreté.

Au même moment, un cabriolet de remise, attelé d'un cheval gris, et sortant de la rue de Chartres, traversait aussi le Carrousel et se dirigeait vers les guichets du Pont-Royal.

Dans ce cabriolet étaient à droite un domestique, et à gauche son maître, vêtu d'un manteau bleu.

Un témoin déclare avoir vu qu'à soixante pas du guichet d'où LL. MM. venaient de sortir, l'homme au manteau bleu saisit vivement les guides et le fouet que tenait le domestique, fit retourner brusquement le cheval et le ramena du côté de la rue de Chartres et de l'hôtel Longueville auprès duquel le roi se trouvait alors.

Le cabriolet passa si près de leurs majestés que, pour éviter d'en être atteintes, elles furent forcées de se jeter vivement de côté.

Le cabriolet entra dans la rue de Chartres où M. Dumas le vit tourner et s'arrêter derrière la maison isolée connue sous le nom d'hôtel de Nantes. Leurs majestés avaient continué leur route par le Carrousel, lorsqu'arrivées à l'angle nord-ouest de l'hôtel de Nantes, elles virent revenir à elles le même cabriolet, dirigé par un mouvement que M. Dumas croit avoir été volontairement imprimé, de manière à les serrer contre le mur et même à les atteindre ; mais le cheval, ramené trop brusquement dans cette direction nouvelle, s'abattit ; il fut immédiatement relevé et continua rapidement sa course du côté du Pont-Royal.

Cette marche rétrograde, cette double rencontre et cette course autour de l'hôtel de Nantes semblaient annoncer que le conducteur avait eu l'intention coupable de précipiter deux fois son cheval sur la personne du roi.

Une instruction a été suivie pour découvrir l'auteur de cet attentat et pour en déterminer les circonstances.

On avait pu saisir au passage le numéro du cabriolet, qui trois jours après fut retrouvé sur la place de la Bourse. On apprit alors qu'il appartenait au sieur Bryard, loueur de voitures de remise, qui l'avait loué au mois à Bertier de Sauvigny, à la charge par celui-ci de faire substituer son nom sur les registres de la police à celui d'un précédent locataire.

Cette formalité n'avait pas été remplie, et il en était résulté, pendant les premiers jours, quelque incertitude dans les investigations de la police ; mais l'accusé a reconnu que c'était lui qui, le 17 février dernier, à l'heure indiquée, se trouvait dans ce cabriolet avec Antoine, domestique du sieur Bryard, et attaché par celui-ci au service de l'accusé pour prendre soin du cabriolet et du cheval.

Bertier de Sauvigny a déclaré qu'il venait de la place de la Bourse, ou peut-être de la rue de l'Oratoire au Louvre, et qu'il se rendait au faubourg Saint-Germain par la rue de Chartres, le Carrousel et le Pont-Royal ; qu'il ne se rappelle pas s'il occupait la droite ou la gauche dans le cabriolet, mais qu'il avait conduit toute la matinée et qu'il conduisait encore lorsqu'il avait rencontré le roi ; que s'il avait changé de direction et s'il était revenu sur ses pas, ce n'était par suite d'aucune intention coupable ; qu'il n'avait pas encore aperçu le roi, et que son seul but était d'aller au Palais-Royal choisir, chez Dentu, des livres destinés au cabinet de lecture qu'il fait tenir pour son compte place de la Bourse, n° 9 ; que son cheval était impatient, et lancé assez fortement depuis quelques instans ; qu'en apercevant devant lui plusieurs personnes qui ne se dérangeaient pas, il avait à plusieurs reprises crié *gare!* avec une énergie progressive, et même avec colère, en jurant, en levant la main et en agitant son fouet ; qu'alors le roi s'étant jeté à droite et s'étant retourné, il avait reconnu Sa Majesté.

M. Dumas et l'inspecteur de police Buffet n'ont point entendu ces cris.

Le cocher Antoine ne se rappelle pas que l'accusé ait crié *gare*, mais il croit que cela n'était pas nécessaire en raison de la distance où, selon lui, le cabriolet était de la personne du roi.

Buffet a vu qu'en passant près du roi, l'accusé leva le bras et fit avec son fouet des gestes menaçans. M. Dumas a remarqué ces gestes, mais il ne peut préciser s'ils exprimaient la colère, l'insulte ou le trouble. Antoine convient que l'accusé a agité la main qui tenait le fouet, mais il ajoute que telle était son habitude.

Malgré la déclaration du sieur Dumas, Bertier de Sauvigny et Antoine soutiennent qu'ils ne se sont pas arrêtés derrière l'hôtel de Nantes.

Au moment où le cabriolet reparut au coin de cet hôtel, les traits de l'accusé paraissaient fort contractés, et Buffet croit, sans pouvoir l'affirmer, avoir encore remarqué un geste de la main et de la tête et qui semblait dirigé du côté où se trouvait le roi.

Il semble étonnant que Bertier de Sauvigny, qui sortait de la rue de Chartres, n'ait pas profité du moment où il avait passé devant le Palais-Royal pour entrer chez Dentu, ou qu'il n'ait pas attendu, pour le faire, son retour du faubourg Saint-Germain, qui le ramenait nécessairement encore devant le Palais-Royal.

Il est aussi difficile de comprendre comment, après avoir conçu l'idée de revenir sur ses pas, et l'avoir exécutée en partie, il l'aurait tout à coup abandonnée pour reprendre sa première direction.

L'accusé fait observer qu'il a trouvé la rue de Rohan encombrée par les voitures de Saint-Germain-en-Laye; que son cheval étant fort animé, il a voulu le diriger sur le Carrousel pour le calmer; qu'il ne pouvait savoir si le roi avait pris la rue de Chartres, ou continué sa route par le Carrousel; que d'ailleurs il était troublé par la pensée d'avoir contraint le roi à se déranger vivement, et qu'il avait perdu le but très-peu important qu'il s'était proposé ; qu'il avait tourné très-brusquement, et que son cheval avait manqué de s'abattre sur les dalles de la fontaine de l'hôtel de Nantes.

Antoine ajoute que si le cheval est tombé, c'est que l'accusé, qui ne sait pas bien conduire, ne le tenait pas en main.

Un plan des lieux a été dressé par les ordres du juge d'instruction ; on a pris soin d'y indiquer contradictoirement avec l'accusé les différens points où se sont passés les événemens dont il vient d'être rendu compte.

Le tribunal de première instance réuni en chambre du conseil a reconnu : Que Bertier de Sauvigny avait agi avec une intention malveillante ; mais que les faits n'établissaient pas une prévention suffisante d'attentat envers la personne du roi ; que Bertier de Sauvigny, en passant avec une extrême rapidité près du roi, une première fois, et surtout en faisant en sorte de se retrouver une seconde fois en face de S. M. ou près d'elle, faits d'ailleurs accompagnés de gestes offensans, avait voulu faire outrage au roi ; mais que ces faits, si coupables et si contraires aux sentimens et aux habitudes d'un homme d'honneur, ne pouvaient tomber sous l'application des lois pénales, qu'en conséquence il n'y avait pas lieu à suivre contre Bertier de Sauvigny.

Le procureur du roi a formé opposition à cette ordonnance.

Bertier de Sauvigny a cru devoir alors adresser à la Cour royale, chambre des mises en accusation, des conclusions par lesquelles il demandait à être renvoyé devant la Cour des Pairs, dans le cas où la qualification d'attentat requise par le procureur du roi serait accueillie par la chambre d'accusation.

Mais la Cour,

Considérant qu'aucune loi n'a défini les crimes dont la connaissance serait attribuée à la chambre des pairs, hors ceux qui seraient commis par les membres de cette chambre et par les ministres, pour des faits relatifs à leurs fonctions, dans le cas où ils ne seraient pas pairs, et où ils seraient accusés par la chambre des députés,

A dit n'y avoir lieu à statuer sur ces conclusions.

Au fond, la Cour a pensé que toute action coupable et volontaire contre la vie ou la personne du roi constituait un attentat ou contre sa vie ou contre sa personne, et que les premiers juges, en reconnaissant l'intention coupable de Bertier de Sauvigny, auraient dû prononcer sa mise en prévention.

En conséquence, Albert-Jules Bertier de Sauvigny est accusé d'avoir, le 17 février 1832, commis un attentat contre la personne du roi, en dirigeant volontairement, à deux reprises différentes, et dans une intention coupable, son cabriolet sur la personne du roi.

Crime prévu par l'art. 86 du Code pénal.

(L'article 86 est ainsi conçu : « L'attentat ou le complot contre la vie ou la personne du roi est crime de « lèse-majesté : ce crime est puni comme parricide. »)

Après cette lecture, M. le président procède à l'interrogatoire de M. Bertier de Sauvigny.

D. A quelle heure, le 17 février dernier, le cabriolet a-t-il été vous prendre ?

R. Vers une heure. Il est venu me prendre au coin de la rue Laffitte, sur le boulevard.

D. Où vous êtes-vous rendu d'abord ?

R. J'ai d'abord été place de la Bourse. Je ne me rappelle pas si j'ai été chez moi, rue de l'Oratoire.

D. D'après la déposition de votre domestique, vous avez d'abord été chez vous?

R. Je ne me le rappelle pas. Je crois, en effet, avoir été chez moi.

D. En revenant de la rue de l'Oratoire, où avez-vous été?

R. Je me suis dirigé vers la place du Palais-Royal; j'ai pris la rue de Chartres. Je me suis ensuite dirigé sur la place du Carrousel.

D. Vous êtes arrivé assez près du guichet du Louvre?

R. Oui, j'allais en ce moment au faubourg Saint-Germain.

D. Qui conduisait en ce moment le cabriolet?

R. C'était moi qui conduisais en ce moment.

D. Etes-vous bien sûr que le domestique qui vous accompagnait n'avait pas commencé à conduire ce jour-là?

R. Je suis bien sûr d'avoir ce jour-là conduit seul le cabriolet. Je me le rappelle parfaitement.

D. Cependant, il résulte de l'instruction, qu'un témoin, qui traversait la place du Carrousel à cette heure, a vu un cabriolet qui, d'après les détails qu'il a donnés et les circonstances qu'il a énoncées, ne peut être que le vôtre. Le témoin a vu le maître du cabriolet, qui avait un manteau bleu à collet rouge, saisir vivement les rênes de la main du domestique.

R. Cela n'est pas. Il est possible que le domestique qui m'accompagnait ait mis les mains sur les rênes. Cela se fait tous les jours, surtout lorsqu'il s'agit d'un cheval de louage, que le domestique, ayant plus d'habitude de conduire, est naturellement porté à diriger. Mais ce qu'il y a de bien sûr, ce que je me rappelle parfaitement, c'est que je tenais les rênes et que je n'ai pas eu à les prendre de la main du domestique.

D. Ce témoin a vu le maître prendre les rênes de la main du domestique et diriger le cheval vers le roi.

R. Le témoin se trompe.

D. Pourquoi avez-vous changé de direction?

R. Parce que je voulais aller prendre des livres chez M. Dentu, libraire au Palais-Royal. C'est ce motif qui m'a fait changer de direction.

D. Quels livres aviez-vous à prendre chez le libraire Dentu?

R. Je prends beaucoup de livres chez M. Dentu.

D. M. Dentu, interrogé, a dit qu'il vous connaissait peu; son commis vous connaît davantage.

R. C'est à son commis que j'avais ordinairement affaire.

D. Mais vous étiez passé devant le Palais-Royal quelques instans auparavant, pourquoi n'étiez-vous pas allé directement chez M. Dentu?

R. C'est que je l'avais oublié.

D. Mais vous alliez au faubourg Saint-Germain, il vous fallait en revenant repasser devant le Palais-Royal. Pourquoi ne remettiez-vous pas votre visite chez Dentu à votre retour?

R. C'est que j'avais besoin de livres pour mon cabinet littéraire, et que je désirais qu'ils y fussent envoyés le plus tôt possible. Il arrive souvent qu'après avoir oublié une chose, et après se l'être rappelée, on s'en occupe de suite pour ne pas s'exposer à l'oublier de nouveau plus tard.

D. Quand vous êtes revenu au guichet du Louvre, vous avez vu quatre personnes qui marchaient devant votre cabriolet.

R. Oui. Il y avait deux personnes devant et deux personnes en arrière se donnant le bras. J'ai crié *gare*, j'ai même juré.

D. Comment se fait-il que M. Dumas qui était près du cabriolet ne vous ait pas entendu?

R. Je ne sais : je crois bien avoir crié *gare*, et pardonnez-moi le mot, j'ai ajouté S..., N... D... D..., expression dont, au reste, je ne me sers jamais. Il est, au surplus, assez inutile de crier *gare* sur la place du Carrousel. Il est facile d'entendre un cabriolet qui arrive.

D. Avez-vous reconnu le roi?

R. Je l'ai reconnu au moment où il se retournait.

D. Avez-vous dit à votre domestique que c'était le roi?

R. Je le lui ai dit quelques instans après.

D. En passant, n'avez-vous pas fait un geste menaçant?

R. J'ai pu faire un geste en voyant que les personnes qui étaient devant moi ne se rangeaient pas.

D. Lorsque vous êtes entré dans la rue de Chartres, à côté de l'hôtel de Nantes, ne vous êtes-vous pas arrêté un instant?

R. Je ne me suis pas arrêté, j'ai tourné mon cabriolet.

D. M. Dumas a dit que vous vous étiez arrêté.

R. Il a pu prendre pour un temps d'arrêt le moment où l'on tourne.

D. M. Dumas a déclaré qu'il avait suivi des yeux ce cabriolet et qu'il l'avait vu s'arrêter un instant derrière l'hôtel de Nantes?

R. Je ne me suis pas arrêté.

D. Si vous alliez chercher des livres au Palais-Royal, pourquoi n'avez-vous pas continué votre chemin?

R. Mon cheval était fort animé ; j'étais troublé moi-même d'avoir rencontré le roi et de l'avoir forcé à se ranger. Je n'ai pas voulu continuer mon chemin vers le Palais-Royal ; j'ai voulu, voyant mon cheval agité, le lancer vers la place du Carrousel pour lui donner le temps de se remettre.

D. Vous pouviez continuer votre chemin par la rue de Rohan ou par la rue de Chartres.

R. Je ne le voulus pas en voyant ces rues encombrées par les voitures de Saint-Germain qui souvent barrent la rue de Chartres. Lorsque je fis le tour de l'hôtel de Nantes, mon cheval, en passant sur la dalle de pierre d'une borne-fontaine, manqua de s'abattre. Au moment où je le relevais, je vis le roi qui tournait l'hôtel de Nantes.

D. C'est en ce moment que, selon l'accusation, vous avez vivement lancé votre cheval sur la personne du roi.

R. La première fois que je rencontrai le roi, je passai près de sa personne, mais la seconde fois le roi était bien à douze pas du cabriolet. Je suis d'accord avec M. Dumas sur ce point.

D. A ce moment M. Dumas remarqua que vos traits étaient contractés ; selon l'expression d'un autre témoin, vous auriez fait un geste menaçant.

R. On conçoit très-bien que lorsqu'un cheval s'abat, celui qui le conduit soit agité, et que le fouet qu'il tient à la main soit en mouvement.

M. le président. —Il résulte de l'accusation, qu'ayant une première fois rencontré le roi sur la place du Carrousel, vous avez pris les rênes des mains de votre domestique, pour diriger votre cabriolet sur lui, que vous vous êtes arrêté derrière l'hôtel de Nantes, qu'alors vous avez une seconde fois dirigé votre cabriolet sur la personne du roi, et que, par ce fait, vous avez attenté, non à sa vie, mais à sa personne par un acte de violence.

On procède à l'interrogatoire des témoins.

Le premier témoin entendu est Antoine, domestique du sieur Bryard, qui accompagnait M. Bertier de Sauvigny.

M. le président. — Racontez ce que vous savez sur les faits imputés au prévenu.

Le témoin. — Le 17 février dernier, j'allai à midi au cabinet littéraire, place de la Bourse, avec le cabriolet qu'avait loué M. Bertier ; l'un de ses commis me dit que je le trouverais rue Laffitte ; je m'y rendis, et à une heure, nous partîmes de la rue Laffitte ; nous allâmes d'abord chez lui, rue de l'Oratoire, et nous nous dirigeâmes vers le faubourg Saint-Germain. Sur la place du Carrousel, nous nous sommes arrêtés, et nous sommes revenus vers le Palais-Royal, par la rue de Chartres ; mais comme elle était encombrée de voitures, nous sommes revenus sur nos pas, et nous sommes allés au faubourg Saint-Germain.

D. Qui est-ce qui conduisait le cabriolet ?

R. C'était M. Bertier qui conduisait ce jour-là.

D. Conduisait-il habituellement ?

R. Il conduisait ordinairement quand cela lui faisait plaisir ; mais ce jour-là il a conduit toute la matinée.

D. Quand *vous avez* retourné *votre* cheval sur la place du Carrousel, où *vouliez-vous* aller ?

Le témoin (*vivement*). — Ce n'est pas moi qui ai retourné le cheval ; c'était M. Bertier qui conduisait. (*Mouvement dans l'auditoire.*)

D. Avez-vous aperçu du monde devant le cabriolet sur la place du Carrousel ?

R. J'ai aperçu devant le cabriolet quatre personnes ; mais elles n'étaient pas tout-à-fait devant la voiture, car nous avons passé auprès.

D. M. Bertier a-t-il crié *gare* ?

R. Il a crié *gare !* mais c'était seulement par prudence, car cela n'était pas nécessaire.

D. Dans l'instruction vous avez déclaré que vous n'avez pas pu l'entendre.

R. Je ne me le rappelle pas; mais je déclare que je l'ai entendu.

D. A quelle distance le cabriolet a-t-il passé de ces quatre personnes?

R. A environ huit pas de distance.

M. Bertier. — Je crois que le témoin se trompe; il y avait moins que cela, il y avait cinq à six pas au plus.

M. le président. — Avez-vous vu l'accusé faire un geste avec son fouet?

R. C'est son habitude.

D. L'avez-vous entendu jurer?

R. Je ne me le rappelle pas.

D. Où êtes-vous allé quand M. Bertier a retourné son cabriolet?

R. Nous sommes allés d'abord rue de Chartres, et comme elle était embarrassée, nous sommes revenus sur nos pas en tournant au coin de l'hôtel de Nantes.

D. M. Bertier a-t-il arrêté un instant son cabriolet derrière l'hôtel de Nantes?

R. Il ne s'est pas arrêté.

D. Y avait-il de l'encombrement rue de Rohan?

R. Je ne me le rappelle pas.

D. Où êtes-vous allés?

R. M. Berthier a tourné à gauche pour revenir sur le Carrousel.

D. Vous a-t-il dit que c'était le roi qui se trouvait devant le cabriolet?

R. Il ne me l'a dit qu'à la seconde fois.

D. Est-ce lorsque le cheval s'est abattu qu'il vous l'a dit?

R. Oui, c'est en ce moment.

D. Quand M. Bertier a retourné son cheval, l'a-t-il dirigé sur les personnes qui se trouvaient devant lui?

R. Non, monsieur.

D. Mais comment le cheval s'est-il abattu?

R. Par une bonne raison, c'est que M. Bertier ne sait pas bien conduire. (*On rit.*)

D. Vous savez mieux conduire que lui?

R. C'est mon état.

D. Pourquoi dès-lors était-ce M. Bertier qui conduisait et non pas vous ?

R. Un maître est quelquefois curieux de conduire lui-même.

D. A quelle distance le cheval s'est-il abattu des personnes qui étaient devant lui?

R. A dix pas environ.

D. M. Bertier a-t-il fait un geste avec son fouet?

R. C'est son habitude.

M⁰ Berryer. — Il est important de bien fixer de quelle manière le témoin était au service de M. Bertier.

Le témoin. — Je suis au service du loueur de voitures; mais j'étais ce jour-là au service de M. Bertier.

M. le président, à M. Bertier. — Etait-ce ce domestique qui vous accompagnait ordinairement?

M. Bertier. — On m'envoyait tantôt l'un, tantôt l'autre; mais c'était lui qui venait plus fréquemment.

M. Christian Dumas, aide-de-camp du roi, second témoin, est introduit : il dépose en ces termes :

Le 17 février dernier, entre deux et trois heures du soir, le roi, la reine et M⁽ᵐᵉ⁾ Adélaïde sortirent des Tuileries pour se rendre au Palais-Royal, en longeant le quai, et entrèrent sur la place du Carrousel par le guichet qui se trouve de ce côté. Le roi et la reine étaient devant ; je les suivais en donnant le bras à Mme Adélaïde. Arrivés à la hauteur de l'hôtel Longueville, près la rue de Rohan, un cabriolet vint assez brusquement derrière LL. MM. La reine aperçut la première ce cabriolet, et arrêtant aussitôt le roi, elle le fit ranger de côté, le dos tourné à l'hôtel Longueville, à environ quinze pas de la muraille.

Ne sachant pas pourquoi le roi s'était arrêté, je me retournai dans le sens opposé ; dans ce moment, le cabriolet passa près de moi ; je n'ai pas pu voir précisément le geste que fit le conducteur du cabriolet, parce que je ne pus le voir que de côté.

Le roi continua sa marche vers l'état-major de la garde nationale ; en traversant devant la rue de Chartres, je vis le même cabriolet arrêté derrière l'hôtel de Nantes, dans l'espace vide qui s'y trouve ; et au moment d'arriver à l'angle de cet hôtel, je vis arriver de nouveau ce cabriolet, qui tourna rapidement le coin de l'hôtel de Nantes ; le cheval s'abattit au même moment ; mais il se releva de suite, et s'éloigna d'abord au trot, ensuite au galop. Je ne pus arrêter le cabriolet, mais je le suivis de l'œil, et un homme qui se trouvait derrière nous, en put prendre le numéro.

M. le président. — A quelle distance le cabriolet a-t-il passé du roi la première fois ?

R. A quatre pas environ derrière moi.

D. Avez-vous entendu crier *gare ?*

R. Non, je ne l'ai pas entendu ; j'étais cependant trop près pour ne pas l'entendre.

D. Avez-vous vu M. Bertier faire un geste avec son fouet en passant devant le roi ?

R. J'ai bien vu un geste, mais je n'ai pas pu juger si

ce geste exprimait la colère, l'insulte, ou le trouble assez naturel où devait être le conducteur de la voiture s'il avait reconnu le roi.

D. Avez-vous vu que le cabriolet se soit arrêté derrière l'hôtel de Nantes?

R. J'ai déclaré, dans l'instruction, que j'avais vu qu'il s'était arrêté derrière l'hôtel de Nantes ; la tête du cheval était tournée vers la rue de Rohan.

M. le président, à M. Bertier : Vous voyez que vous vous êtes arrêté derrière l'hôtel de Nantes.

M. Bertier. — Je ne me suis pas arrêté ; il n'y a eu que le temps d'arrêt nécessaire pour tourner.

M. le président, au témoin : Quand vous avez vu le cabriolet arrêté, le cheval tournait-il?

M. Dumas. — Cette question est extrêmement importante : c'est le seul fait sur lequel je ne sois pas d'accord avec le prévenu. Je déclare que je me souviens qu'il était arrêté : je l'ai vu en traversant en haut de la rue de Chartres ; je l'ai vu très-peu de temps, peut-être une seconde, peut-être deux, le temps de traverser. (*Murmures et marques d'improbation dans l'auditoire. Le président ordonne aux huissiers de faire maintenir le silence.*)

M. le président (aux jurés). — Ce fait est extrêmement important : il en résulte, si le cabriolet était arrêté, qu'il attendait pour se retrouver une seconde fois en présence du roi.

D. Quand vous avez eu dépassé l'hôtel de Nantes, à quelle distance était le cabriolet?

R. Nous avions un peu passé le cabriolet. Le roi était devant avec la reine.

D. Quand le cheval s'est abattu, qui est-ce qui était le plus près du cheval?

R. C'était moi et Mme Adélaïde; nous étions plus près que le roi.

D. Avez-vous remarqué la figure du prévenu?

R. Il avait la figure extrêmement contractée.

M. l'avocat-général. — L'accusé a-t-il paru avoir imprimé volontairement à son cabriolet un mouvement pour le rapprocher de vous?

Le témoin. — J'ai dit dans l'instruction que je croyais que le mouvement avait été volontaire, car rien ne s'opposait à ce qu'il ne tournât moins court.

D. Si le cheval ne s'était pas abattu, aurait-il pu vous atteindre?

R. Je le crois, car je m'apprêtais à lever ma canne pour l'arrêter.

Me Berryer. — Puisque maintenant le débat s'engage non plus seulement sur le fait, mais encore sur les intentions, je demanderai au témoin ce qu'il entend par ce mot *volontairement*, que M. l'avocat-général a employé dans sa question?

Le témoin. — J'ai voulu dire que l'intention du prévenu a été de faire tourner son cheval à gauche.

Me Berryer. — J'insiste sur cet incident : on a dit que M. Bertier avait volontairement ramené son cheval à gauche, mais on ne ramène jamais un cheval à droite ou à gauche sans volonté. La question de M. l'avocat-général est donc inutile ou insidieuse.

M. le président. — Vous avez entendu la réponse du témoin.

Me Berryer. — Le témoin a dit que M. Bertier avait ramené son cheval volontairement; dans la pensée du témoin, a-t-il seulement entendu parler de la volonté machinale de le conduire à droite ou à gauche?

M. le président. —Je vous invite à ne pas prolonger le débat sur ce point.

M⁰ Berryer. — MM. les jurés apprécieront la réponse du témoin.

M. l'avocat-général.—J'ai voulu demander si le cheval s'était emporté lui-même et avait tourné à gauche, ou si c'était le maître de la voiture qui l'avait dirigé. Voilà la question que j'ai posée; elle est toute simple.

M. de Berny, conseiller. — Je n'ai pas entendu la réponse du témoin, je désire qu'il la répète.

Le témoin. — On m'a demandé si le prévenu avait dirigé volontairement son cheval à gauche, j'ai répondu qu'il l'avait dirigé volontairement.

M. Bertier. — Je prie M. le président de vouloir bien demander au témoin Dumas, pourquoi il n'a pas arrêté le cheval la première ou la seconde fois, car cela lui était possible?

Le témoin. — La première fois cela m'était impossible, parce que le cabriolet se trouvait trop près de moi; la seconde fois, quand le cheval s'est abattu, j'allais lui donner un coup de canne pour l'arrêter, mais il s'est relevé très-vite. Sans doute j'aurais pu l'atteindre, mais dans un moment où je voyais le roi exposé à un acte qu'il ne m'appartient pas de qualifier, je ne crus pas devoir le quitter; si j'avais pensé que l'intention fût criminelle, je l'aurais encore moins quitté. Quand l'aide-de-camp du roi est seul avec lui, il ne doit pas l'abandonner un seul instant.

Le sieur Buffet, agent de police, 3ᵉ témoin, est introduit. — Le 17 février, entre deux et trois heures, dit-il, j'ai vu le roi aller au Palais-Royal à pied; j'ai vu un cabriolet qui aurait atteint le roi, si le roi ne s'était pas dérangé; le cabriolet a continué son chemin, mais arrivé à l'hôtel de Nantes, il est revenu, et celui qui le conduisait avait l'air de faire un geste menaçant.

M. le président. — A quelle distance le cabriolet a-t-il passé près du roi?

R. Je ne sais; j'étais à dix pas, mais je sais qu'il est passé très-près du roi.

D. Y avait-il quelqu'un entre le roi et le cabriolet?

R. Il y avait derrière le roi M. Dumas et Mme Adélaïde.

D. Où a été ensuite le cabriolet?

R. Je ne l'ai pas vu; je ne sais pas s'il est allé rue de Chartres.

D. L'avez-vous vu s'arrêter derrière l'hôtel de Nantes?

R. Je n'ai pas pu le voir; l'hôtel m'en empêchait.

D. Quand avez-vous revu le cabriolet?

R. Quand il a débouché derrière l'hôtel de Nantes.

D. Avez-vous vu le cheval s'abattre?

R. Je l'ai vu seulement se relever.

D. A quelle distance était-il du roi?

R. Il n'en était pas très-près.

D. Avez-vous vu le prévenu faire des gestes de colère?

R. Je le crois, mais je ne puis l'affirmer.

D. Quelle direction avait le cabriolet?

R. Il avait pris le chemin que nous avions suivi.

Me Berryer. — Je demanderai au témoin où il se trouvait quand le cabriolet a passé près du roi la première fois?

R. J'étais derrière les quatre personnes qui se trouvaient devant le cabriolet, sur le côté à droite?

Me Berryer. — Comment, en ce cas, a-t-il vu M. Bertier faire des gestes menaçans?

R. J'ai vu le fouet que l'on agitait.

Me Berryer. — C'est donc le bout du fouet seulement

qu'il a vu. (*On rit.*) En arrière du cabriolet, comment la témoin a-t-il pu voir la personne qui le conduisait?

R. Je ne l'ai pas vue en face; je ne l'ai vue que de profil.

M. le président. — Qu'avez-vous vu?

R. J'ai vu un geste de la main.

D. Quel geste?

R. Je ne sais pas. (*On rit de nouveau.*)

M⁰ Berryer. — Pourquoi, en ce cas, dire que vous avez vu un geste menaçant?

R. Parce que je l'ai cru.

M. Féline, quatrième témoin, est entendu. Il ne déclare aucune profession. Le 17 février, dit-il, je revenais du faubourg Saint-Germain et j'allais au Palais-Royal; en descendant le Pont-Royal, j'appris que le roi venait de sortir des Tuileries et était entré sur la place du Carrousel. A quelques pas du guichet du Louvre, mon attention fut attirée par un mouvement extraordinairement brusque que fit un cabriolet attelé d'un cheval gris : une personne placée à gauche dans le cabriolet l'arrêta vivement et le fit retourner sur ses pas. Plus loin, je revis le même cabriolet qui revenait de derrière l'hôtel de Nantes; ce ne fut que dans la rue de Valois que je reconnus le roi qui avait été forcé de se déranger pour éviter d'être atteint par le cabriolet.

M. le président. — Avez-vous vu la personne à gauche dans le cabriolet saisir les rênes du cheval?

R. Il me l'a semblé.

D. Pouvez-vous l'affirmer?

R. Je crois pouvoir l'affirmer. (*On rit.*)

D. Le fait est extrêmement important : vous avez dit dans l'instruction que vous aviez vu cette personne saisir

les rênes du cheval. Persistez-vous dans cette déclaration ?

R. Oui, monsieur, j'y persiste.

D. C'est bien là la personne qui était dans le cabriolet ? (En désignant M. Bertier.)

R. Oui, monsieur.

M. Bertier. — C'est bien moi qui conduisais ce jour-
là, c'est moi qui ai fait retourner le cheval ; mais je n'ai
pas pris les rênes des mains du domestique, puisque je
les tenais.

M. le président (au témoin). — Avez-vous vu saisir
les rênes ?

R. J'ai vu cette personne prendre les rênes et le fouet.

Me Berryer. — Je demande pardon d'insister sur une
circonstance minutieuse. Le témoin a dit qu'il lui avait
semblé que M. Bertier avait saisi les rênes ; puis, quand
M. le président lui a dit qu'il avait déclaré qu'il l'avait
vu, il a dit qu'il persistait dans cette déclaration ; et,
dans l'instruction écrite, il a dit qu'il avait vu les rênes
changer de main....

M. le président. — J'ai pressé le témoin de s'expliquer
sur ce fait.

Me Berryer. — Je demanderai la permission de dé-
velopper mon observation. Le témoin a dit d'abord qu'il
doutait ; ensuite il a affirmé ; et, dans l'instruction écrite,
il a dit que les rênes avaient changé de main. Je demande
qu'il précise sa déposition.

M. le président, au témoin. — Cherchez à rappeler
vos souvenirs.

Le témoin. — Je me rappelle que l'individu qui était
à gauche dans le cabriolet a posé les mains sur les rênes
et qu'il a arrêté le cheval.

Un de MM. les jurés demande que l'on fasse retirer

Antoine pour adresser une question à M. Bertier. Antoine se retire dans la salle des témoins.

Le juré.—Je demanderai si M. Bertier a l'habitude de conduire le cabriolet à gauche?

M. Bertier. — Je conduisais indifféremment à droite ou à gauche, car je m'occupais très-peu de cheval et de cabriolet ; je montais à droite ou à gauche, selon le côté du cabriolet où je me trouvais.

Antoine est ramené à l'audience.

Le même juré. — Je demanderai au témoin si M. Bertier conduit à droite ou à gauche.

Le témoin. — Il conduit indifféremment à droite et à gauche.

Le même juré. — Et vous?

Le témoin. — Moi, c'est différent ; un cocher se met toujours à droite.

M. l'avocat-général demande que l'on soumette à MM. les jurés le plan qui a été dressé des lieux.

Un autre juré demande au témoin Buffet si le roi, en se rendant au Palais-Royal, longeait l'hôtel de Longueville et l'hôtel de Nantes?

M. Buffet. — Non ; il était tout-à-fait au milieu de la place.

M. le président. — Le plan des lieux passera sous les yeux de MM. les jurés.

Le même juré. — Je faisais cette question parce que le plan ne nous a pas été soumis.

M. l'avocat-général. — Si la Cour le permet, l'audience pourrait être suspendue. Pendant ce temps, MM. les jurés pourraient prendre connaissance des lieux.

L'audience est suspendue pendant une demi-heure.

A la reprise de l'audience, M. Partarrieu-Lafosse, avocat-général, a la parole pour soutenir l'accusàtion.

MM. les jurés,

Le 17 février dernier, entre deux et trois heures de l'après-midi, le roi sortit à pied du château des Tuileries et se dirigea vers le guichet par lequel on entre sur la place du Carrousel. Le roi était accompagné de la reine, à laquelle il donnait le bras; derrière lui se trouvait Mme Adélaïde, qui donnait le bras à M. Christian Dumas, aide-de-camp du roi. Le roi et les personnes qui l'accompagnaient traversèrent la place diagonalement dans l'intention de se rendre rue de Rohan, et de la rue de Rohan au Palais-Royal. Au même moment, un cabriolet arriva de la rue de Chartres, traversa la place dans une direction contraire, se dirigeant vers le guichet pour gagner de-là le Pont-Royal et le faubourg Saint-Germain. Dans ce cabriolet était un maître et son domestique; c'est un fait reconnu : c'est encore un fait reconnu que le maître était l'accusé Bertier de Sauvigny. Lorsque le cabriolet arriva à la distance d'environ soixante pas du guichet par lequel il aurait dû passer s'il avait continué sa route, il retourna vivement, prenant une direction contraire à celle que jusqu'alors il avait suivie, et en remontant la même place qu'il avait tout à l'heure descendue. Il arriva alors vis-à-vis l'hôtel de Longueville où se trouvaient le roi et les personnes qui l'accompagnaient. Il paraît qu'à cette première rencontre le cabriolet allait très-vivement, et qu'il s'approcha assez près des personnes qui accompagnaient le roi pour que la reine ait dit : « Voilà un cabriolet qui vient sur « nous. » La personne qui prononçait ces mots était, à ce qu'il paraît, sur le point d'être atteinte, puisque le roi fut obligé, de l'aveu même de l'accusé, de se retourner assez vivement pour n'être pas atteint par ce cabriolet.

Nous aurons tout à l'heure à examiner si l'accusé n'a pas pris les précautions ordinaires pour ne pas atteindre le roi. Nous voulons seulement constater en ce moment que le roi s'est retourné.

Immédiatement après, le cabriolet se dirige vers la rue Rohan qui commence à l'endroit où se trouve l'hôtel de Nantes. Suivant l'accusé Bertier (et ce point est essentiel), il voulait retourner au Palais-Royal pour acheter des livres chez le libraire Dentu. Vous concevrez aisément par l'inspection du plan et la connaissance des lieux que le chemin que le cabriolet devait suivre était la rue de Chartres qui conduisait transversalement au Palais-Royal. Ce cabriolet ne suit pas ce chemin ; il fait le tour de l'hôtel de Nantes, il s'arrête et revient une seconde fois sur la place du Carrousel ; c'est alors qu'à l'angle nord-ouest de l'hôtel de Nantes il se dirige de nouveau vers le roi ; le cheval s'abat, et nous soutenons, nous voulons prouver par la déposition des témoins que si le cheval ne s'était pas abattu, le roi et les personnes qui l'accompagnaient auraient été atteints.

Il faut, pour apprécier ces circonstances, bien distinguer les deux faits : celui qui s'est passé devant l'hôtel de Longueville et celui qui s'est passé devant l'hôtel de Nantes ; c'est le moyen de simplifier les faits, de les rendre plus clairs pour vous, dans l'intérêt de la vérité.

On adresse d'abord une question toute simple à M. Bertier : Vous déclarez vous-même qu'après avoir quitté la rue de Chartres, vous vous rendiez au faubourg Saint-Germain, et cependant vous changez brusquement de chemin. Quels motifs alléguez-vous? Le besoin d'aller acheter des livres chez le libraire Dentu. Une objection est faite aussitôt. On conçoit la possibilité de ce retour, si l'on n'était pas déjà passé par le Palais-Royal; mais l'accusé lui-même avoue avoir passé devant le Palais-Royal; il aurait donc dû s'y arrêter; il le devait; mais ensuite il avait une autre réflexion qui devait le dispenser de ce retour. L'accusé demeure rue de l'Oratoire et place de la Bourse; il a son domicile rue de l'Oratoire et place de la Bourse, il tient un cabinet de lecture; c'est ainsi du moins qu'il l'a déclaré. Par conséquent il devait nécessairement revenir au Palais-Royal; par conséquent il pouvait atteindre le but qu'il se proposait après avoir fait sa course au faubourg Saint-Germain, puisqu'il ne pouvait aller ni place de la Bourse, ni rue de l'Oratoire, sans passer devant le Palais-Royal.

D'un autre côté, pour expliquer ce changement de direction, il faut un besoin actuel, urgent; ainsi, si l'accusé déclarait qu'il avait besoin d'expédier de suite tel ou tel ouvrage, sa version pourrait être accueillie; mais pas du tout : on lui demande quels ouvrages il va prendre chez Dentu; il ne peut les préciser : puisqu'il n'en avait pas actuellement besoin, il pouvait donc différer d'aller les chercher de suite, car il n'y avait à ce délai aucun inconvénient. Ainsi sa version est donc invraisemblable, d'autant plus qu'il est évident que son retour vers le Palais-Royal indiquait une autre intention.

Bertier avait vu le roi sur la place du Carrousel; il dit ne l'avoir pas vu, mais seulement l'avoir vu plus tard : vous aurez à apprécier, Messieurs, comment le roi et les autres personnes qui l'accompagnaient, traversant la place du Carrousel, et placés dans la ligne qu'a suivie le cabriolet, n'ont pas pu être vus par l'accusé : cela est invraisemblable. Remarquez d'ailleurs une circonstance importante, c'est que le témoin Féline, qui est tout-à-fait désintéressé, a déclaré que sur la place du Carrousel, Bertier avait pris les rênes et le fouet des mains du domestique qui conduisait ; cette déclaration est formelle et conforme à la vraisemblance ; car, en règle générale, celui qui conduit un cabriolet se place à droite, et il est certain que Bertier était à gauche ; il y a donc une présomption que celui qui est à droite est le conducteur habituel, et que ce n'est que momentanément que celui qui est à gauche a pris les rênes et le fouet ; et cette présomption est appuyée par la déclaration de Féline. Remarquez d'ailleurs, Messieurs, l'importance de cette circonstance. Vous sentez que Bertier ne pouvait être servi par son domestique dans l'accomplissement d'un dessein que celui-ci n'aurait pas voulu exécuter ; et quand on voit qu'il a repris les rênes des mains de son domestique, au moment où il a aperçu le roi, on doit être certain que c'était dans une intention personnelle qui n'aurait pu être exécutée par son domestique, et que dès lors c'est dans une intention coupable.

Mais de plus, quand il arrive près des personnes qui marchaient devant lui, si son cheval était, comme il le dit, animé, impatient, il doit crier *gare !* Sur ce point, Messieurs, il y a une contradiction formelle entre la déclaration de l'accusé et les déclarations des témoins. Bertier dit avoir crié *gare !* à plusieurs fois ; cependant, le témoin Dumas, qui était à côté du cabriolet, ne l'a pas entendu ; le domestique, qui était dans le cabriolet, ne l'a pas entendu non plus ; à la vérité, ce dernier ajoute que cela n'était pas nécessaire, parce que le roi n'était pas très-près du cabriolet ; mais ici il est en désaccord avec son maître, qui prétend avoir crié *gare!* parce que cela lui semblait nécessaire. Il y avait en effet nécessité de crier, puisque le cabriolet était très-près du roi. Bertier dit donc avoir crié : *gare!* mais personne ne l'a entendu.

Ces différentes circonstances du retour, de la prise des rênes des mains du domestique, de cris de *gare!* que l'on n'a pas entendus, prouvent suffisamment qu'une intention hostile, malveillante, présidait à ce retour.

Dans la seconde rencontre les faits sont beaucoup plus graves.

D'abord, il est important de fixer un fait : à la seconde fois, il est certain que Bertier avait reconnu le roi ; lors de la première rencontre, le fait est douteux, nous l'avons reconnu ; mais ici il ne peut y avoir aucune espèce de doute. Bertier lui-même l'a avoué.

Que fait Bertier? il va, dit-il, au Palais-Royal ; mais ce qu'il devait faire, il ne le fait pas : deux, trois chemins même lui sont ouverts pour y aller ; il pouvait prendre d'abord par la rue de Chartres, ensuite par la rue de Rohan, ou enfin par le guichet ouvert sous les bâtimens faisant suite aux Tuileries ; il ne prend aucun de ces chemins : quelle explication en donne-t-il? Il dit : la rue de Rohan était encombrée, et comme mon cheval était impatient, j'eus la pensée de le ramener sur le Carrousel pour le calmer. Mais il pouvait prendre par la rue de Chartres qui n'était pas encombrée ; c'est dans la rue de Rohan que se trouvent les voitures de Saint-Germain, de Courbevoie et autres, mais il n'y en a pas dans la rue de Chartres ; d'ailleurs ce chemin était le plus court : mais il ne prend pas la rue de Chartres, et remarquez cependant qu'il était déjà entré dans la rue de Chartres, qui commence à l'hôtel de Nantes. Il retourne sur l'emplacement qui se trouve derrière l'hôtel de Nantes, et c'est là que, dit-il, il y a encombrement de voitures; mais quel encombrement peut-il y avoir? La place derrière l'hôtel de Nantes est très-grande, il existe un espace libre considérable entre cet hôtel et la partie des bâtimens qui fait suite aux Tuileries, et c'est là où l'on peut aller pour calmer un cheval impatient; car là, je le répète, il n'y avait pas d'encombrement, surtout pour une voiture légère comme le cabriolet de M. Bertier.

D'un autre côté, il y a un fait beaucoup plus grave; non seulement, selon le témoin Dumas que vous avez entendu, Bertier a tourné derrière l'hôtel de Nantes, mais encore il s'y est arrêté pendant un temps très-court, il est vrai, pendant un temps que le témoin n'a pu préciser; mais enfin il y a eu un temps d'arrêt. Admettons seulement qu'il y ait eu ralentissement dans la marche du cabriolet, toujours est-il certain qu'il y a eu retour sur la place du Carrousel; et ici, Messieurs, j'appelle votre attention sur un fait. L'accusé a déclaré qu'il était troublé d'avoir forcé le roi à se déranger, qu'il en éprouvait un sentiment pénible; cela se conçoit, et nous acceptons sa déclaration, que nous croyons entièrement sincère sur ce point.

En admettant cette circonstance, ce que l'accusé devait éviter avant tout, c'était de rentrer sur la place du Carrousel, où la rencontre avait eu lieu; si son cheval était impatient, il devait le calmer dans l'autre partie de la place du Carrousel et ne pas revenir à l'endroit d'où il sortait. Quand nous démontrons que le contraire a eu lieu, il est évident que Bertier avait la pensée de revenir une seconde fois sur le Carrousel.

L'accusé a dit qu'il ne pouvait savoir si le roi avait longé l'hôtel de Nantes, ou s'il avait pris par la rue de

Chartres ; mais vous savez que l'hôtel de Nantes a très-peu de profondeur, on peut tourner très-vite, et par la visière, placée derrière le cabriolet, ou par celles de côté, il était facile de voir si le roi avait ou non fait le tour de l'hôtel de Nantes. Ainsi le calcul était peu difficile à faire, pour savoir le moment précis où le roi aboutirait à l'angle de cet hôtel.

Comment la seconde rencontre a-t-elle eu lieu ? Le cabriolet est arrivé pour la seconde fois à l'instant précis où les quatre personnes dépassaient le coin de l'hôtel de Nantes ; de là la question que nous avons adressée au témoin Dumas pour savoir si le mouvement imprimé au cabriolet par le conducteur, l'avait été volontairement. Sans doute, si le cheval était tellement animé que ce fût le maître qui fût emporté par le cheval, le maître échapperait à toute responsabilité ; mais si, au contraire, c'est le conducteur qui a dirigé volontairement son cheval de tel ou tel côté, il doit répondre de la direction qu'il a prise. Ainsi, le mouvement imprimé au cheval l'a été volontairement par le conducteur ; ce n'était pas le cheval qui emportait son maître, c'était le maître qui le conduisait.

Mais il est arrivé un fait tout-à-fait indépendant de la volonté de l'accusé ; il est advenu ce qui arrive quand on tourne trop court, ainsi que l'ont déclaré les témoins, ou, comme l'a dit le domestique, quand on ne sait pas bien conduire un cheval ; le cheval s'est abattu, et le cabriolet n'a pas atteint toute la portée qu'il aurait eue sans ce fait. Mais si ce fait est arrivé indépendamment de la volonté de l'accusé, il n'en est pas moins vrai que la direction était donnée au cabriolet, et que, si le cheval ne se fût pas abattu, le roi aurait été atteint et renversé.

Le témoin Dumas a déclaré que le cabriolet était assez

près de lui pour l'atteindre, qu'il l'eût atteint si le cheval ne se fût pas abattu, et qu'il était tellement près qu'il levait sa canne pour repousser le cheval.

Voilà les faits qui se sont passés ; non seulement tout le circuit-fait autour de l'hôtel de Nantes, mais encore le fait constant, que si le cheval ne se fût pas abattu, la personne du roi aurait été atteinte ; tout démontre évidemment quelle était l'intention de l'accusé.

Que concluons-nous de ces faits ? Nous avons dit que dans la première rencontre, l'intention de Bertier avait été hostile, malveillante, à plus forte raison l'a-t-elle été à la seconde fois.

Il existe d'ailleurs d'autres faits qui viennent justifier cette intention hostile et malveillante.

Nous n'avons pas l'habitude d'élever de la défaveur contre des accusés à raison des principes politiques qu'ils professent, mais quand il s'agit d'apprécier les intentions, il faut bien cependant examiner quels sont les principes qui les ont guidés. Je vais vous lire, Messieurs, une lettre que M. Bertier a adressée à quelques journaux, et dans laquelle il donne l'explication de ses actions : cette lettre a été imprimée, publiée dans les journaux ; elle appartient aujourd'hui à l'accusation comme à la défense.

L'accusé a dit qu'il avait été désagréable pour lui, pénible même, d'avoir obligé le roi à se déranger. Nous acceptons cette déclaration. Mais alors les explications que va donner M. Bertier seront sans doute empreintes du regret d'un acte involontaire de sa part, qui a amené un résultat si fâcheux. Voyons sa lettre du 26 février dernier, dans laquelle il explique son intention. Nous ne ferons pas de commentaire sur cette lettre, nous nous contenterons de la lire, et nous la livrerons à votre appréciation.

« Sainte-Pélagie, 26 février.

« Monsieur le rédacteur, permettez que j'aie recours à votre journal pour protester hautement contre l'incroyable rigueur dont je viens d'être victime à l'occasion d'une rencontre fortuite aussi inoffensive qu'insignifiante. Voici les faits qui ont donné lieu à mon arrestation ; le public jugera lui-même de ma culpabilité.

« Conduisant un cabriolet sur la place du Carrousel, je voyais cheminer en avant de mon cheval, dans la direction que je suivais, une personne en frac bourgeois, à pied, et donnant le bras à une dame. Comme elle ne se rangeait pas près des maisons pour me permettre le passage, et que mon cheval impatient se trouvait en ce moment fort animé, je multipliai à haute voix, et avec une énergie progressive à mesure que je m'en approchais, les avertissemens et les cris de *gare!* Le personnage, que je n'avais aperçu que par derrière, finit par se ranger à droite, et lorsqu'il se retourna, j'aperçus une énorme cocarde tricolore..... (*Rire général et prolongé dans l'auditoire et au banc des avocats.*)

M. le président. — Je rappelle à l'auditoire qu'il doit écouter dans le silence ; je donne l'ordre aux huissiers de faire sortir immédiatement toute personne qui troublerait l'audience. (*Le silence se rétablit.*)

M. l'avocat-général continuant : Nous disions tout à l'heure que nous ne ferions aucun commentaire sur cette lettre ; nous ferons seulement observer qu'il y a évidemment ici une intention satirique.

Nous continuons :

« J'aperçus, dit M. de Bertier, une énorme cocarde

tricolore à un chapeau, ce qui me fit reconnaître seulement alors le roi Louis-Philippe. Je continuai, sans l'avoir ni renversé, ni froissé, ni éclaboussé; je le retrouvai encore une seconde fois au détour d'une rue, mais cette fois sans lui causer le moindre émoi.

« Tout ce qui a été dit différemment sur cette affaire est entièrement faux. Il n'y a point d'autre motif d'accusation contre moi, à moins que l'on y ajoute, ainsi qu'a cru pouvoir le faire sérieusement M. le préfet de police, l'imputation d'être un légitimiste décidé. »

Un légitimiste décidé ! Non, Messieurs, personne ne fera jamais un crime de professer telle ou telle opinion, et moins que personne, celui qui a, dans ce moment, l'honneur de porter la parole devant vous; les opinions sont sacrées, et on ne fait pas à celui qui donne des explications sur l'intention qui a présidé à ce fait, le reproche d'être un légitimiste décidé, ce qui n'est nullement blâmable (*vive approbation dans l'auditoire*), mais on lui reproche d'avoir agi avec une intention malveillante.

Nous continuons la lecture de la lettre.

« Arrêté à deux reprises différentes et la seconde fois écroué à Sainte-Pélagie sous la prévention d'attentat contre la vie et la personne du roi, j'ai déjà subi trois interrogatoires, dans lesquels j'ai relaté avec précision les faits ci-dessus.

« En toute autre conjoncture, je me devrais de protester énergiquement contre une imputation odieuse d'assassinat, mais j'ai honte seulement, à la pensée qu'il puisse s'agir sérieusement pour moi de m'en défendre. Mon nom, mon caractère repoussent ces odieuses inculpations. L'indignation est ma seule réponse.

« Une visite domiciliaire minutieuse, faite hier chez moi, est venue mettre le comble aux mesures vexatoires dont je suis l'objet. Les perquisitions de M. le commissaire de police Noël n'ont servi qu'à me confirmer dans la conviction où je suis, que l'accusation portée contre moi n'est qu'un misérable prétexte pour me priver de ma liberté.

« J'attends et j'appelle, et sans doute plus franchement que mes accusateurs, ma comparution devant le jury. On y entendra probablement les dépositions des courtisans du roi-citoyen. On demandera quelle sera la partie plaignante. Il faudra bien que ce soit Louis-Philippe lui-même.

« Agréez, Monsieur, etc.

« *Signé*, ALBERT BERTIER.

« *P. S.* Je vous prierais, monsieur le rédacteur, de m'apprendre si ce crime n'est pas de la nature de ceux dont la connaissance est exclusivement réservée à la haute cour des Pairs. »

Comme nous le disions, Messieurs, voilà un accusé péniblement affecté, qui s'indigne qu'on le suppose coupable d'un assassinat, et qui cependant se sert d'un langage évidemment satirique contre le roi et contre les *courtisans du roi citoyen*. Quand il s'agit d'apprécier les intentions d'un homme, on trouve cette appréciation dans un pareil écrit.

Après avoir démontré que l'intention de l'accusé était coupable et malveillante, nous arrivons à qualifier cette intention. Était-elle d'attenter à la vie du roi? Non, Messieurs ; la chambre d'accusation n'a pas pensé qu'il y eût attentat à la vie du roi ; mais le législateur a établi une distinction entre l'attentat à la vie et l'attentat à la personne. L'art. 86 du Code pénal établit cette distinction. Cette distinction dans les termes est d'autant plus remarquable qu'elle n'existait pas dans nos lois antérieures. Dans le Code de 1791, l'attentat contre la personne n'existait pas : c'est donc pour faire une distinction que le Code pénal actuel a exprimé les deux cas. Assurément le législateur ne défendrait pas assez la sûreté intérieure de l'État, s'il ne punissait que l'attentat à la vie du roi, et non l'attentat à la personne. L'attentat à la personne du roi n'est pas quand on l'atteint avec un poignard, avec une arme à feu, mais quand on le blesse, quand on le froisse, c'est alors qu'il y a attentat. Ainsi, la distinction faite par la loi est également faite par la raison. Il faut que la personne du roi soit inviolable et sacrée ; et il suffit que sa personne soit blessée, soit atteinte, pour que la distinction établie par la loi existe.

Ici nous sommes dans le second cas. Non, sans doute, l'intention de M. Bertier n'était pas d'attenter à la vie du roi, mais de l'atteindre : le retour sur la personne du roi indique la pensée de le rejoindre ; le cheval abattu explique encore cette intention ; c'est donc le roi que l'accusé a voulu atteindre. L'effet n'a pas été accompli, il est vrai ; mais, si l'attentat n'a pas réussi, cela doit-il influer sur votre décision ? non, Messieurs, il suffit d'un commencement d'exécution pour qu'il y ait attentat ; les termes du Code pénal sont formels ; la direction a été donnée volontairement au cabriolet, dès lors il y a eu intention ; nous nous trouvons ainsi dans le cas de la définition de l'attentat.

Nous n'avons plus qu'un mot à ajouter, et ce mot doit porter sur des circonstances qui sont de nature à faire une vive impression sur vos esprits.

Aujourd'hui, *il faut l'avouer, tous les pouvoirs sont affaiblis, ils ont perdu les prestiges qui les entouraient; c'est un fait dont nous n'accusons personne, il tient à la marche même des choses que personne ne peut arrêter;* mais, au milieu du relâchement de tous les pouvoirs, il faut en protéger un, et principalement le premier de tous : nous ne disons pas seulement ce pouvoir abstrait et en quelque sorte insaisissable, mais celui qui existe dans un ordre tout matériel, en un mot celui qui constitue la personne du roi; s'il était permis d'attaquer ce pouvoir, alors plus de sécurité pour ceux qui veillent à la sûreté de tous : la société serait désarmée.

Il y a de plus un fait qui doit faire sentir la nécessité d'une répression : dans des temps tels que les nôtres, les nations verraient avec peu de faveur un roi qui s'entourerait de méfiance et qui ne descendrait pas de la haute sphère où il est placé, pour se mêler au rang des citoyens. Aussi, plus la confiance du monarque est grande, plus la société lui doit de protection. Eh bien, précisément, un roi existe, qui aime à quitter son palais, à sortir seul, sans gardes, qui livre sa poitrine nue au fer de ses ennemis, et à ceux dans le cœur desquels il peut rencontrer le moins de sympathie pour sa personne. En agissant ainsi, il s'abandonne à un sentiment que la générosité française ne peut méconnaître, il montre une confiance illimitée qui doit être respectée même par ses ennemis. C'est alors que l'attentat contre sa personne doit être réprimé plus sévèrement, parce que, non seulement il y a là une action coupable et une lâcheté, mais encore parce que la noble confiance du roi est trompée; car celui qui se garde le moins est celui qui doit être le mieux gardé, sinon par l'amour de ses sujets (cet amour ne se commande pas), mais par un sentiment dont l'empire sera toujours respecté et dont on ne démentira jamais la puissance, par l'honneur.

Nous persistons dans l'accusation.

Me Berryer prend la parole en ces termes, au milieu du plus profond silence :

Messieurs, si après avoir entendu M. l'avocat-général, ma pensée ne s'attachait qu'à la peine immense que son réquisitoire vient de provoquer, je ne sais comment je pourrais égaler la sévérité de mon langage à la grandeur du supplice. Mais il faut descendre aux faits du procès, à ce peu sur lequel on met en discussion la vie d'un homme. Il faut ramener la cause à ce qu'elle est; n'oubliant pas toutefois que si hors de cette enceinte le public a pu donner un sourire à cette inconcevable accusation, il n'y a rien de ridicule, rien de frivole dans une Cour d'assises; le ridicule en cette enceinte peut être odieux, mais il ne cesse pas d'être cruel et terrible. C'est donc gravement que je vais répondre aux minutieux détails de la cause.

Un fait tout naturel, un léger accident comme il s'en présente chaque jour dans cette ville populeuse, un de ces événemens auxquels chacun de vous est exposé dans les habitudes de sa vie, est arrivé à M. Bertier de Sauvigny, le 17 février dernier.

Il donne à son cocher l'ordre de venir le prendre au café Tortoni. Il se rend chez lui, rue de l'Oratoire, suit la rue Saint-Honoré, traverse la place du Palais-Royal, prend la rue de Chartres, arrive sur la place du Carrousel. Là il se rappelle qu'il a besoin de recommander au libraire Dentu, au Palais-Royal, d'envoyer quelques livres à son cabinet littéraire, place de la Bourse. Il revient donc sur ses pas, et c'est en ce moment que quatre personnes se présentent devant lui, à quelque distance des maisons et du trottoir sur lequel elles n'étaient pas montées. M. Bertier crie *gare!* ces quatre personnes se rangent, et de telle façon que M. Dumas, l'une d'elles, se trouve entre le cabriolet et les trois autres; ces personnes étaient donc suffisamment éloignées pour ne redouter aucune atteinte, puisqu'elles ont été protégées par la présence de M. Dumas, qui lui-même n'a pas risqué d'être touché.

M. de Bertier reconnut alors seulement l'une des quatre personnes. Il continua sa route en passant par la rue de Chartres. Vous savez, Messieurs, qu'en traversant la rue de Chartres, et à l'entrée de la rue de Rohan, se trouve une maison qui s'avance en angle fort aigu dans le coude de la rue de Chartres; le rez-de-chaussée de cette maison forme une espèce de remise dans laquelle stationnent les voitures de Saint-Germain. M. Bertier arrive au moment où le long attelage de l'une de ces voitures sortait de la remise et fermait entièrement le passage de la rue de Chartres. M. Bertier, dont le cheval est fort animé, mécontent de la rencontre qu'il venait de faire, trouvant un obstacle à sa course, se détermine à revenir sur ses pas, tourne l'hôtel de Nantes et se rejette sur la place du Carrousel, ne pouvant penser que de cet autre côté, il allait rencontrer une seconde fois les quatre personnages qui s'étaient trouvés déjà sur sa route.

M. l'avocat-général, pour aider son système d'accusation, vous disait tout à l'heure : M. Bertier eût dû suivre la rue de Chartres, qui conduit obliquement, et par la voie la plus courte au Palais-Royal; je viens d'expliquer ce qui l'en a détourné; mais n'était-il pas naturel de penser que les quatre personnes qui cheminant à pied se rendaient évidemment des Tuileries au Palais-

Royal, et ne pouvaient être empêchées par les mêmes obstacles qui avaient détourné le cabriolet de sa marche directe, suivraient elles-mêmes ce chemin le plus court? Aussi M. de Bertier, en se rejetant vivement sur la place du Carrousel, fut fort surpris de les rencontrer de nouveau en cet endroit; la pente du terrain, la pierre de la pompe, firent abattre son cheval; il le releva et poursuivit sa route vers le faubourg Saint-Germain.

C'est, Messieurs, de ces circonstances si simples, si faciles à expliquer, que l'accusation, par je ne sais quel art inconcevable, veut faire jaillir la présomption d'un crime, d'un crime prémédité!

Mais si la pensée d'un attentat, tel qu'il est défini par la loi, était entrée dans l'esprit de M. de Bertier, après avoir à deux reprises échoué dans sa tentative, échappé dans le premier moment à toute poursuite, il ne manquera pas de chercher à faire perdre sa trace en quittant le domestique de louage, le cabriolet, le cheval qui peuvent le faire reconnaître. Il n'en est pas ainsi. M. Bertier continue son chemin avec le domestique du cabriolet. Je dis à dessein le domestique du cabriolet : car, dans ces débats, on a cherché à atténuer ce que cette déposition avait de précis et de positif, en insinuant que cet homme était aux gages de M. Bertier, que sa déposition pouvait avoir été dictée, inspirée par lui. Il fallait bien dans cette affaire tout incriminer. Revenons aux faits, à la vérité. Ce n'est pas le domestique de M. Bertier qui a déposé devant vous, c'est le domestique du cabriolet.

Que fait M. Bertier? Il garde et le domestique et le cabriolet. C'est le même qui chaque jour vient, le matin, stationner devant la maison de M. Bertier.

Cela prouve évidemment que M. Bertier n'avait pas

un grand remords sur la conscience, qu'il n'était pas beaucoup inquiété par la pensée d'un crime prémédité, commencé, dont l'exécution n'avait été suspendue que par une espèce de miracle et des circonstances entièrement indépendantes de sa volonté.

Comment admettre, d'un autre côté, qu'on ait eu la pensée que ce crime eût été préparé, prémédité, et que cependant quatre jours se soient écoulés sans qu'on se soit occupé en aucune manière d'en rechercher, d'en poursuivre l'auteur? Quatre jours s'écoulent sans qu'on pense même qu'un attentat a été commis. Personne n'a l'idée que la volonté d'un attentat ait pu exister. Tout le monde reste calme et parfaitement indifférent.

Cependant les journaux du dimanche racontent l'accident qui est arrivé. Ils disent comment les quatre personnes en question ont été rencontrées par un cabriolet; chacun d'eux dit, en employant différentes nuances dans la narration, comment les quatre personnes ont été rencontrées, et le rôle que chacune d'elles a joué dans cette circonstance. Cet exposé donne matière à des observations malignes, à des plaisanteries plus ou moins justes. Cela éveille l'attention. Mais que s'est-il donc passé? se demande-t-on. Il y a eu un grand attentat commis il y a trois ou quatre jours. On n'y avait pas songé jusqu'ici; mais c'est égal : il faut y faire attention. Il y a quatre jours que tout est oublié; c'est égal : cela vaut bien la peine qu'on s'en occupe; et puis, comme on sait depuis quatre jours que le numéro du cabriolet en question est 3669, on charge un agent de le rechercher. Celui-ci trouve le cabriolet sans peine. Il le trouve à son poste ordinaire, sur la place de la Bourse.

On arrête le cocher, qui dit tout naturellement qu'il va avertir son maître. M. Bertier survient et demande pourquoi on a arrêté le cabriolet. On lui répond qu'il a manqué d'écraser *quelqu'un* dans la journée du vendredi. « C'est moi, répond-il de suite, qui conduisais le cabriolet. S'il y a eu accident, ajoute-t-il, c'est moi qui dois en répondre. » On invite M. Bertier à venir à la Préfecture de police. Il s'y rend. Là se trouve le rapport de M. Carlier et d'autres rapports qui constatent qu'un homme animé d'intentions coupables, a voulu écraser le roi des Français. Ce rapport constate qu'un agent de police s'est jeté devant les chevaux, et est parvenu ainsi à détourner le cabriolet. (Il n'y a pas, vous le savez, un mot de vrai dans tout cela.) Le rapport constate encore comme fait accessoire, qu'au moment où ce fait avait lieu, un homme inconnu était intervenu, s'était jeté aux pieds des quatre personnes.

Le domestique est interrogé, et dans ce premier moment, comme aujourd'hui, il raconte les faits qui se sont passés. M. Bertier, interrogé, raconte à son tour les faits avec naïveté. Le juge d'instruction comprend l'affaire ; il juge de suite l'importance qu'on doit attacher à ces rapports de la police. Il ne pense pas que l'affaire puisse avoir aucune suite. Il renvoie M. Bertier chez lui.

C'est ici, Messieurs, que le procès commence, que la pensée du crime vient à l'esprit de quelques personnes, car jusque là le nom du prévenu était ignoré. Quel est-il donc ? C'est M. Bertier de Sauvigny. M. Bertier de Sauvigny ! C'est bien autre chose : c'est un nom très-connu ; son père, son grand-père furent autrefois les premiers magistrats de cette ville ; son grand-père mourut dans la première révolution, victime des fureurs populaires. Le petit-fils ne doit pas aimer les révolutions. Il doit être attaché à la branche aînée des Bourbons. Ce n'est pas là un homme qui puisse être ami du nouvel ordre de choses introduit en France. On peut bien croire alors qu'il a voulu commettre un crime. Cette pensée fermente et donne l'idée d'un procès criminel; l'idée du crime est venue à ceux qui ont appris le nom de M. Bertier de Sauvigny : pendant quatre jours cette pensée n'est venue à personne. C'est le nom qu'on n'aime pas qui donne la pensée du crime. Et tout en disant qu'on est généreux, qu'on respecte plus que qui que ce soit la liberté des opinions, qu'il est permis à tous d'avoir tel ou tel souvenir, telle ou telle conviction, telle ou telle fidélité, on admet les intentions hostiles, on admet la pensée d'un assassinat !

On se trompe; M. Bertier et sa famille peuvent être dévoués à la branche aînée des Bourbons ; ils peuvent être sincèrement attachés à certains principes; mais dans cette famille, comme dans toutes celles qui sont attachées à cette famille et à ces principes, vous trouverez des victimes, vous ne trouverez jamais un meurtrier..... (*Mouvement marqué d'approbation dans l'auditoire.*)

M. le président. — Huissiers, faites faire silence.

M° Berryer. — Cependant, Messieurs, en voyant ce nom, on conçoit la pensée de bâtir une accusation. On entend des témoins. Je suis sans doute bien éloigné de vouloir les quereller sur leurs dépositions. Tous ces témoins ont parlé avec la plus grande bonne foi. Je crois même que l'agent de police entendu à votre audience a été fidèle rapporteur des faits qu'il a cru voir. Voyons quelles conséquences on doit en tirer au procès, et s'il est possible sur des présomptions, des vraisemblances, des possibilités, de baser une accusation criminelle et de requérir la peine capitale

M. Bertier traversait la place du Palais-Royal. Il est revenu sur ses pas. Il ne l'a fait qu'avec une intention hostile ; car il a dû voir les quatre personnes et les reconnaître avant de renoncer au projet qu'il avait formé d'aller au faubourg Saint-Germain ; il avait, dit-il, l'intention d'aller chez le libraire Dentu. Mais il n'est pas connu de ce libraire. — Cependant Lapierre, son commis, a déclaré qu'il venait fréquemment faire des emplettes au magasin. — Mais, poursuit-on, il a passé devant le Palais-Royal : pourquoi n'est-il pas entré dans ce magasin ? — C'est qu'il l'avait oublié. — Mais, ajoute-t-on, il pouvait remettre sa visite chez Dentu après celle qu'il allait faire dans le faubourg Saint-Germain, puisqu'il devait repasser devant le Palais-Royal ; il aurait pu y revenir plus tard. — Il eût été trop tard, et il avait besoin de livres, de nouveautés pour son cabinet littéraire. — M. Bertier a pris les rênes des mains du domestique ; cela est constant. — C'est le fait que les débats de l'instruction et ceux de l'audience ont constamment démenti. Le témoin qui l'a révélé n'est arrivé que fort tard dans le procès. Sa déposition tardive a constamment été démentie par celle d'Antoine, qui, dans le premier instant de l'instruction comme à cette audience, a constamment déclaré que M. Bertier tenait les rênes depuis le matin, et avait constamment conduit le cabriolet.

Quels sont les faits qui incriminent la seconde rencontre ?

On dit à M. Bertier : Puisque vous alliez au Palais-Royal, il fallait suivre la rue de Chartres. Il l'eût suivie, sans doute, s'il n'en eût été empêché et par la voiture de Saint-Germain, qui débouchait par le coin de cette rue, et par l'impatience et la vivacité de son cheval. D'ailleurs, s'il devait suivre la rue de Chartres, si ce chemin était nécessairement celui qu'il devait prendre, il devait être également suivi par les quatre personnes qui se rendaient au Palais-Royal. Il ne devait donc pas s'attendre, en revenant sur la place du Carrousel, à les retrouver dans la rue de Rohan.

Mais remarquez-le : Peut-on supposer que si M. Bertier a été animé d'une intention malveillante, hostile, et s'il a manqué une première fois son coup, il va justement choisir pour renouveler cette tentative le lieu où il y aura le plus de chances pour être arrêté ; car, vous savez qu'à cet endroit de la rue de Rohan, il y a en quelque sorte des casernes, il y a là de nombreux détachemens d'infanterie, de cavalerie, de garde nationale ; au premier cri de M. Dumas, M. Bertier eût été infailliblement arrêté.

Après la discussion de fait, après cet échafaudage péniblement bâti d'une accusation à laquelle je ne saurais donner un nom, on a voulu discuter la question de droit. Cette discussion n'a pas été moins remarquable que la discussion de fait. Elle s'est réduite à un véritable *jeu de mots*, je ne saurais la qualifier autrement. On a fini par vous dire que l'intention d'*atteindre* la personne vers laquelle le cabriolet aurait été dirigé constituerait un *attentat* à la personne du roi. Je ne sais comment je répondrais à un pareil argument eu tout autre lieu. Si je ne parlais pas à des hommes graves, si je ne remplissais pas un ministère sacré, si je n'avais pas en ce moment une énorme responsabilité, je ne sais, en vérité, comment je qualifierais ce jeu de mots qu'on a essayé entre le fait d'atteindre une personne et l'attentat contre cette personne.

On a dit que l'art. 86 du Code pénal distinguait positivement l'attentat contre la vie et contre la personne. Il y a là distinction ou accumulation de mots si vous voulez ; mais, en résultat, il y a identité de peines. C'est pour l'un et l'autre cas la peine réservée au parricide.

Ne semble-t-on pas, par cette discussion, avoir voulu ressusciter toutes les lois du Bas-Empire, les lois d'Arcadius et d'Honorius? J'ai cru qu'on allait vous rappeler les lois qui défendaient de prédire la mort d'un roi, celles qui punissaient comme coupable de lèse-majesé celui qui jetait des pierres à sa statue, celles qui assimilaient au même crime l'insulte faite aux ministres que le roi avait choisis, *ipsius partem;* je ne sais vraiment où il faudrait s'arrêter avec un pareil système.

La loi nouvelle, qui, récemment promulguée, ne saurait être applicable à la cause, a reconnu qu'il pouvait y avoir un outrage, un attentat à la personne, qui ne saurait être frappé des dispositions cruelles de l'article 86 du Code pénal. Le nouvel article 86 ne prononce pour ces outrages qu'une simple peine d'emprisonnement. Ainsi, le législateur a reconnu que cet outrage, cet attentat à la personne, se trouvait sans punition dans nos lois, et qu'il fallait une disposition nouvelle.

Les choses ont changé depuis le Code de 1810, et ont apporté à la loi des modifications naturelles et inévitables. De nouveaux rapports se sont établis entre le chef de l'État et ses sujets. Je comprends très-bien qu'on vienne faire ici l'éloge de cette situation nouvelle, de ces communications nouvelles entre le chef de l'État et les citoyens, mais en même temps ne maintenez pas les rigueurs d'une législation qui expose aux peines les plus sévères, les particuliers qui, dans ces communications nouvelles, peuvent se trouver en contact avec la personne du chef de l'État; ne les exposez pas à voir de simples accidens devenir pour eux la matière d'accusations capitales.

Que serait-il donc advenu dans ces jours du 15e, du 16e siècle où nos rois se trouvaient dans la lice face à face avec leurs sujets, et lorsque le jeune Montgomery, dans une passe d'armes, tua le malheureux Henri II? Qui aurait pensé à dire que c'était là un attentat contre la personne du prince? Que serait-il arrivé si Montgomery, par suite de confidences malveillantes et d'intrigues de cour, avait été présenté comme n'étant pas l'ami du prince? n'eût-t-on pas aisément bâti contre lui une accusation capitale?

Sans doute les pouvoirs qui régularisent la société, qui règlent les intérêts particuliers, qui garantissent pour tous l'ordre et le repos, doivent être protégés, doivent être défendus. La justice est leur arme, mais la justice dans toute la majesté de son exercice. Plus cette majesté de la justice sera grande et plus elle aura de force, plus elle en donnera au pouvoir. Si la justice, instituée pour défendre et protéger, ne sert qu'à satisfaire quelques inimitiés de parti, si elle devient cruelle, odieuse, au lieu de protéger le pouvoir, elle l'ébranle, elle le tue. (*Profonde sensation.*)

M. l'avocat-général a la parole pour répliquer:

Messieurs, dit-il, nous considérons les explications que nous vous avons données sur les faits comme suffisamment claires pour vous : vous avez entendu les détails dans lesquels nous sommes entrés, et la réponse qui y a été faite; nous n'avons donc pas besoin d'entrer dans de nouveaux développemens; nous examinerons seulement si la loi dont nous demandons l'application est applicable à la cause actuelle.

Nous devons d'abord déclarer qu'il n'y a eu de notre part aucune intention de faire un jeu de mots dans le concours fortuit des expressions dont nous nous sommes servis : nous avons dit qu'il y avait une distinction à faire entre celui qui veut attenter à la vie d'un homme, quelque soit cet homme, et celui qui veut *le blesser :* nous nous servons de cette expression pour éviter le jeu de mots qu'on nous a reproché ; cette distinction doit être faite par la loi, puisqu'elle est faite par la nature même des choses. Si l'attentat à la vie et l'attentat à la personne étaient la même chose, il n'y aurait aucune distinction à faire dans la loi ; car cette expression, *l'attentat à la personne,* serait surabondante, et jamais, en matière d'attentat, un mot ne doit se glisser par surabondance.

Le législateur a établi une distinction, et je n'en veux pour preuve que l'argument même invoqué par le défenseur : je trouve cette preuve dans la question historique qui a été abordée par lui.

« Toutes les fois, a dit le défenseur, que l'on veut « expliquer une loi il faut se reporter au temps où cette « loi a été faite. Dans le Code de 1810, le législateur a « exprimé la pensée du chef de l'État : Napoléon, par « son Code, voulait défendre un pouvoir nouveau qui « n'était pas encore ancré dans les habitudes de la na- « tion. »

Je m'empare de cette déclaration. Si nous envisageons la question historique, qu'était Napoléon ? c'était un soldat, un guerrier qui se présentait à la France fatiguée de ses désordres passés, et qui fut accepté par elle comme un sauveur. Dans cette position, qui cependant était nécessaire puisqu'elle était un remède à tant de maux, Napoléon comprit la nécessité de protéger, non seulement sa vie, mais encore sa personne des attentats qui pouvaient être dirigés contre lui.

Aujourd'hui aussi nous avons un pouvoir *jeune encore* (*on rit*); et, puisque l'on a dit que le pouvoir de Napoléon n'était pas encore ancré dans les habitudes nationales, la même similitude existe aujourd'hui pour le pouvoir qui nous gouverne (*on rit de nouveau*), et qui est encore *trop jeune* pour avoir en sa faveur la sanction du temps. Ainsi si, en 1810, on a cru devoir armer le pouvoir de la force nécessaire pour le défendre, il faut également le protéger aujourd'hui. Le défenseur a reconnu l'affaiblissement des pouvoirs; si donc il y avait, en 1810, nécessité de protection pour le pouvoir de cette époque, cette nécessité est encore plus grande pour le pouvoir d'aujourd'hui.

Si vous ne voulez pas donner ce sens à la loi dont nous réclamons l'application, il faut lui en donner un autre; sans cela vous n'aboutissez qu'à la critique de la loi; vous décriez cette loi, vous ne voulez point la considérer comme applicable.

« Mais, dites-vous, la preuve que le législateur a « bien senti que ce n'était pas là le sens qu'on devait « donner à la loi, c'est qu'il y a un article, dans les mo- « difications apportées au Code pénal, relatif à l'insulte « faite à la personne du roi. »

Mais il faut remarquer que l'insulte est distincte de l'attentat, car l'attentat se commet par l'atteinte à la personne, tandis que l'injure peut se commettre par de simples gestes. La loi nouvelle n'est donc pas applicable; nous ne pouvons donc être placés sous une autre législation que sous la législation actuelle, et il faut nécessairement y revenir.

« Mais, dit-on encore, examinez les conséquences de « l'accusation. Allons-nous donc revenir au temps où « l'action de jeter des pierres contre des statues était un

« crime de lèse-majesté au premier chef? » Non, Messieurs; ce n'est pas quand on n'attaque qu'un marbre, qu'une personne inanimée, qu'il peut y avoir attentat; mais quand ce sera la personne même qui aura été frappée, l'attentat existera véritablement.

« Mais, dit-on enfin, quelle est la peine que vous « provoquez? C'est donc avec du sang que vous voulez « affermir la royauté nouvelle » ? Messieurs, quand la loi a prononcé, le premier juge, c'est l'offensé lui-même. (*Mouvement dans l'auditoire.*) Jamais, dans notre pensée, la cause actuelle n'aurait eu un semblable résultat; et, nous le déclarons, nous n'aurions pas prêté notre ministère à cette accusation si nous n'avions été certains d'avance que la pensée de l'offensé répondait à la nôtre (*murmures et bruits divers*) : c'est dans cette intime conviction que nous avons persisté dans la tâche qui nous était confiée.

M. Berryer se lève et réplique en ces termes :

La loi, vous a-t-on dit, est inflexible, elle doit être appliquée dans toute sa rigueur. Pour tout dire en un mot, celui qui fit la loi voulut qu'elle servît de garantie à un pouvoir despotique, cruel. Voulez-vous accepter ces conséquences? Napoléon put les accepter. Voulez-vous les accepter aussi?

Nous avons parlé d'une distinction entre l'attentat contre la vie et l'attentat contre la personne du souverain. Je vous répète qu'il n'y a pas de distinction quant à la peine. Il y a là deux mots rendant la même idée; il y a là accumulation de mots; il y a ambiguité, ambiguité cruelle repoussée par les idées qui règnent actuellement en France. Il est impossible de trouver une distinction qui satisfasse les esprits pour cette expression, attentat contre la personne.

L'ai-je bien entendu? c'est à moi que l'on demande une définition de ces mots. Je la repousse, je la repousse cette définition odieuse. C'est à vous à la donner; à vous qui demandez des peines. C'est à vous à la donner telle qu'elle puisse satisfaire des hommes raisonnables.

J'ai dit plus, et on ne m'a point répondu sur ce point, lorsque des rapports nouveaux, lorsqu'une situation nouvelle s'établissent, il faut subir l'influence de ces nouvelles nécessités. Si des relations nouvelles se sont établies entre le chef de l'État et les gouvernés, il est impossible de réclamer pour lui l'application de ces lois menaçantes dans toute la latitude d'expression que leur a donnée leur premier auteur. Des modifications sont inévitables. Reconnaissons donc qu'il est désormais impossible de maintenir de pareilles dispositions.

Mais si nous nous arrêtons au sens littéral de la loi, et si, d'un autre côté, nous considérons les faits, pourra-t-on reconnaître un attentat à la personne du chef de l'État? Est-ce donc lui qui a failli être blessé! Non, sans doute; dans les deux rencontres, c'est M. Ch. Dumas qui se trouvait le plus rapproché du cabriolet.

Voyez donc, MM. les jurés, où pourrait conduire l'interprétation donnée à l'article 86. L'article 87, conçu comme l'article 86, punit de la même peine les attentats commis contre les princes et princesses de la famille de l'empereur. Qu'en résulterait-il aujourd'hui que les jeunes princes sont confondus dans les rangs des citoyens et viennent s'asseoir sur les bancs des écoles? Voyez à quels dangers les citoyens seraient exposés dans leurs rencontres journalières et forcées. Voyez tout ce qu'une intention malveillante, comme celle, par exemple, que fait naître le nom connu de M. Bertier de Sauvigny, pourrait ajouter à ces dangers de tous les jours.

Il y a donc évidemment impossibilité de faire application de cette loi. Il y a impossibilité de lui donner, pour la cause, une interprétation tolérable.

Qu'ai-je entendu? vous n'êtes plus jurés, Messieurs! je ne suis plus défenseur! je ne suis plus dans l'enceinte d'une Cour d'assises! Un magistrat vient de vous dire que si les dispositions de la loi devaient être exécutées dans cette affaire, il n'aurait pas prêté son ministère à l'accusation. Je ne comprends pas un semblable langage. Un pacte de cette nature est nouveau pour moi et confond ma pensée. Ah! s'il s'agissait de l'offensé, il avait un bien autre exemple à suivre dans cette circonstance, il pouvait prendre pour modèle un prince de la famille royale qui, frappé d'un coup mortel, mourant de la main d'un assassin, criait : *Grace pour l'homme!* Ce même prince, serré de près dans une rue par une voiture, ayant failli être écrasé par elle, disait en souriant : *Cela m'apprendra, quand je serai en voiture, à penser aux gens qui sont à pied.*

Voilà la morale du procès!

(*Des applaudissemens prolongés éclatent à la fois dans toutes les parties de l'auditoire. Le président veut, mais en vain, les comprimer. La séance est quelques momens suspendue.*)

M. le président. — Accusé Bertier, avez-vous quelque chose à ajouter pour votre défense?

M. Bertier (*avec dignité.*) — Je n'ai rien à ajouter aux nobles paroles que vient de faire entendre mon défenseur : je repousse avec indignation l'odieuse inculpation que l'on a voulu faire-peser sur ma tête. (*Mouvement marqué dans l'auditoire.*)

M. le président résume les débats, puis il pose aux jurés la question suivante :

« Albert-Anne-Jules Bertier de Sauvigny est-il coupable d'avoir, le 17 février 1832, commis un attentat contre la personne du roi, en dirigeant volontairement à deux reprises différentes, et dans une intention coupable, son cabriolet sur la personne du roi? »

A trois heures moins cinq minutes, MM. les jurés entrent dans la salle de leurs délibérations; à trois heures un quart, ils rentrent en séance : un profond silence s'établit.

M. le président. — Je préviens l'auditoire que toutes marques d'approbation ou d'improbation sont sévèrement interdites; j'enjoins aux huissiers de saisir et conduire immédiatement devant la Cour ceux qui contreviendraient à cet ordre.

M. le chef des jurés, la main sur le cœur et d'une voix ferme, dit :

« Devant Dieu et devant les hommes, sur mon honneur et ma conscience, la déclaration du jury est : NON, l'accusé n'est pas coupable. »

M. Bertier de Sauvigny, qui avait été emmené hors de la salle, est ramené à l'audience. Le greffier donne lecture de la déclaration du jury.

En conséquence de cette déclaration, M. le président ordonne que l'accusé soit mis en liberté sur-le-champ, s'il n'est détenu pour autre cause.

L'audience est levée.

Au même instant, les applaudissemens, comprimés

par la présence de la Cour, éclatent avec force. Les cris de : *vivent les jurés! vive Berryer!* retentissent dans la salle long-temps après le départ de la Cour. M. Bertier reçoit les félicitations de ses nombreux amis et de toutes les personnes qui assistaient à cet étrange procès.

FIN.